AF157051

Cicero,
Laelius de amicitia

Bearbeitet von Marco Cataldo

Mit 4 Abbildungen

Vandenhoeck & Ruprecht

Inhalt

Bildnachweis

Bild 1:   Cicero (https://commons.wikimedia.org/wiki/File:Cicero,_De_amicitia,_Vaticanus_Palati-nus_lat._1523.jpg), »Cicero, De amicitia, Vaticanus Palatinus lat. 1523«, als gemeinfrei gekennzeichnet, Details auf Wikimedia Commons: https://commons.wikimedia.org/wiki/Template:PD-old

Bild 2:   Unknown author (https://commons.wikimedia.org/wiki/File:Patrizio_Torlonia.jpg), »Patrizio Torlonia«, als gemeinfrei gekennzeichnet, Details auf Wikimedia Commons: https://commons.wikimedia.org/wiki/Template:PD-old

Bild 3:   akg-images / picture-alliance/ dpa (AKG5247809)

Bild 4:   Image is used from »http://www.hermitagemuseum.org« www.hermitagemuseum.org, courtesy of The State Hermitage Museum, St. Petersburg, Russia

Bibliografische Information der Deutschen Nationalbibliothek:
Die Deutsche Nationalbibliothek verzeichnet diese Publikation in der
Deutschen Nationalbibliografie; detaillierte bibliografische Daten sind
im Internet über https://dnb.de abrufbar.

© 2022 Vandenhoeck & Ruprecht, Theaterstraße 13, D-37073 Göttingen, ein Imprint der Brill-Gruppe
(Koninklijke Brill NV, Leiden, Niederlande; Brill USA Inc., Boston MA, USA; Brill Asia Pte Ltd, Singapore;
Brill Deutschland GmbH, Paderborn, Deutschland; Brill Österreich GmbH, Wien, Österreich)
Koninklijke Brill NV umfasst die Imprints Brill, Brill Nijhoff, Brill Hotei, Brill Schöningh, Brill Fink,
Brill mentis, Vandenhoeck & Ruprecht, Böhlau, V&R unipress.

Alle Rechte vorbehalten. Das Werk und seine Teile sind urheberrechtlich
geschützt. Jede Verwertung in anderen als den gesetzlich zugelassenen Fällen
bedarf der vorherigen schriftlichen Einwilligung des Verlages.

Umschlagabbildung: fotolia/Mavka

Satz: SchwabScantechnik, Göttingen
Druck und Bindung: ⊕ Hubert & Co. BuchPartner, Göttingen
Printed in the EU

Vandenhoeck & Ruprecht Verlage | www.vandenhoeck-ruprecht-verlage.com

ISBN 978-3-525-70301-4

Liebe Schülerin, lieber Schüler!

Die Geschichte ist schnell erzählt: Treffen sich drei Männer und unterhalten sich lange über ein Thema. Das soll vor bald 2150 Jahren stattgefunden haben – oder ungefähr 80 Jahre vor der Niederschrift durch unseren Autor Cicero. Was soll das? Wieso beschäftigen wir uns mit fiktiven Dialogen zwischen irgendwelchen Römern, von denen die Historiker kaum sichere Erkenntnisse haben?

Zunächst einmal wegen der **Gattung.** Dann wegen des **Autors,** von dem ihr schon gehört habt. Und schließlich wegen des **Themas,** über das man sich unterhält im Jahre 129 v. Chr. Aber der Reihe nach:

Die Philosophie der Antike kam mit Sokrates von der Betrachtung der Natur – die Vorsokratiker hatten sich noch vornehmlich Gedanken über die Beschaffenheit der Welt gemacht – zu dem Thema: »Wie lebe ich ein glückliches Leben?« Der Fokus wurde also von der Physik auf die Ethik gelegt. Und so begannen die antiken Philosophen alle möglichen »Lebensthemen« zu behandeln.

Seit Sokrates' Schüler Platon schien hierfür eine passende Textgattung die Form des Dialogs zu sein. Von Sokrates selbst, dem wahrscheinlich Berühmtesten unter den Philosophen, gibt es keine verfassten Texte. Dass wir ihn heute noch kennen, liegt daran, dass sein Schüler Platon Dialoge geschrieben hat, die er seinem Lehrer Sokrates und anderen in den Mund legt. Die trinkfesten und feierfreudigen Griechen liegen hier oft bei einem Gastmahl beisammen und tauschen sich dabei aus.

Als sich nun Römer ebenso über wichtige Dinge des Lebens schriftlich äußern wollten, da lag es nahe, die schriftliche Form zu verwenden, die sie von ihren Lehrmeistern in Sachen Kultur kennengelernt hatten – den Dialog. Und so treffen sich bedeutende römische Männer und tauschen sich über ein Thema aus.

Der Autor ist für uns aus verschiedenen Gründen von immenser Bedeutung: Marcus Tullius Cicero. Er wurde 106 v. Chr. in einer italischen Kleinstadt geboren und stammte aus dem Ritterstand. Sein Vater hatte gute Kontakte nach Rom und die finanziellen Mittel, um seine Söhne dorthin zu schicken, sie dort ausbilden zu lassen und ihnen schließlich – wer damals etwas auf sich hielt, der machte das so – ein Studium in Griechenland zu finanzieren.

Ziel des Ganzen war eine politische Karriere, welche die Bedeutung der Familie steigern und das Vermögen mehren sollte.

Unser Marcus Tullius Cicero war dermaßen (rede-)begabt, hatte den nötigen Ehrgeiz und schließlich ein geschicktes Händchen für die richtige Wahl einer Ehefrau – in politische Karrieren musste ähnlich wie heute in den USA ordentlich investiert werden, ehe man einen Gewinn erzielen konnte –, so dass ihm das gelang, was zuvor nur einer Handvoll Männern gelungen war: als *homo novus* in die politische High Society aufzusteigen. Dieser Werdegang macht den Autor für uns zunächst einmal interessant. Aber da gibt es noch viel mehr!

Als Politiker wirkte er nämlich ausgerechnet in der interessanten Endzeit der römischen Republik und war in all den Konflikten und Bürgerkriegen nicht nur Beobachter, sondern auch ein äußerst aktiver Protagonist. Weitere Herrschaften jener Zeit, von denen ihr sicherlich bereits gehört habt, sind z. B. C. Julius Cäsar oder Octavian, der spätere Augustus.

Abgesehen aber von seiner politisch-historischen Rolle sind uns eine Unmenge von Schriften erhalten geblieben: In all den Jahrhunderten nach seinem gewaltsamen Tod – kurz nach der Abfassung dieser Schrift wurde auch ihm auf ziemlich blutige Weise der Garaus gemacht – hielten es Schreibkundige für angebracht, ausgerechnet seine Texte zu vervielfältigen (siehe Bild 1 mit Erläuterung), so dass wir von ihm nicht nur einige philosophische Schriften, sondern auch eine Menge Reden und noch mehr Briefe haben.

All diese Schriften sind für uns heute eine äußerst wertvolle Quelle für die Erforschung jener Zeit.

Warum ausgerechnet seine Schriften für würdig erachtet wurden, beruht auf einigen Ursachen, auf die wir hier aus Zeitgründen nicht näher eingehen können. Aber einer besteht gewiss darin, dass das von Marcus Tullius Cicero geschriebene Latein – zusammen mit den Schriften des C. Julius Cäsar – als qualitativ vorbildlich, eben klassisch gilt (»goldene Latinität«). So beruhen die Texte aus dem Lehrbuch, mit dem ihr all die Jahre Latein gelernt habt, auf den Werken dieser beiden Autoren.

Schließlich besteht das große Verdienst Ciceros darin, dass er als gebildeter Römer auf die geniale Idee kam, einem breiteren römischen Publikum die griechische Philosophie in der lateinischen Sprache näher zu bringen. Hierzu kreierte er gar »neue« lateinische Wörter, weil das Lateinische – eine einfachere und bäuerliche Sprache, die mit dem ausdrucksstarken Altgriechisch in der Philosophie kaum mithalten konnte – für bestimmte philosophische Gedanken keinen ausreichenden Wortschatz hatten.

Und so kommen wir zum letzten und vielleicht interessantesten Grund, warum wir uns mit diesem Text auseinandersetzen: das Thema.

Die drei Herrschaften treffen sich und reden über Freundschaft. Was bedeutet dieser Begriff eigentlich? Was zeichnet eine funktionierende Freundschaft aus? Wir lernen durch diesen Text den antiken Blick auf dieses philosophische, ja ethische Thema kennen und gleichen es bestenfalls mit unserer heutigen Perspektive ab: Inwiefern hat sich unsere Einstellung dazu im Laufe der Jahrhunderte und des technologischen und ökonomischen Wandels verändert? Oder ist am Ende alles gleich geblieben?

Dieses kleine Büchlein birgt für euch aber noch ein besonderes Schmankerl! In jedem Kapitel werdet ihr die Gelegenheit haben, ein bisschen lateinische Grammatik zu wiederholen. Außerdem stehen am Rande Vokabelangaben als Übersetzungshilfe. Die wichtigsten Lernwörter sind zudem am Ende im Lernwortschatz, nach Texten sortiert, zusammengefasst.

Ich wünsche euch viel Interesse, Freude und Durchhaltevermögen in den kommenden Unterrichtsstunden!

Marco Cataldo
Abtsgmünd 2021

Der Anfang des *Laelius de amicitia* in der Handschrift Rom, Biblioteca Apostolica Vaticana, Vaticanus Palatinus lat. 1523, fol. 1r (Anfang des 15. Jahrhunderts).

Ciceros Texte wurden mehr als die Texte anderer römischer Autoren über die Jahrhunderte hinweg immer wieder abgeschrieben und so für uns erhalten. So befindet sich diese Handschrift in Rom, stammt aber ursprünglich aus Heidelberg: Im 16. Jh. vereinigten die Kurfürsten von der Pfalz in Heidelberg verschiedene Bibliotheken. Daraus entstand die berühmte *Biblioteca Palatina*. Aufgrund ihres Bestandes galt sie in der frühen Neuzeit als »Mutter aller Bibliotheken« und stand Professoren und Studenten zur Verfügung. Als jedoch im 30-jährigen Krieg die Katholische Liga das protestantische Heidelberg erobert hatte, veranlasste der Papst, die Bestände dieser berühmten Bibliothek auf über 200 Mauleseln über die Alpen nach Rom zu bringen, wo die meisten Werke heute noch liegen. Wenn ihr die Bestände einmal durchstöbern wollt, dann nutzt folgenden Link: http://digi.ub.uni-heidelberg.de/de/bpd/index.html

I Gewisse Herren im Gespräch

*An **exemplum** (Latin for »example«, pl. **exempla**, exempli gratia = »for example«, abbr.: e. g.) is a moral anecdote, brief or extended, real or fictitious, used to illustrate a point. The word is also used to express an action performed by another and used as an example or model. (From Wikipedia, the free encyclopedia)*

Der NcI

Es handelt sich hierbei um eine satzwertige Infinitiv-Konstruktion. Du kennst das bereits vom ACI: Nur stehen hier die Verben, die im Aktiv den AcI bei sich haben, im Passiv; aus dem Akkusativ(-Subjekt) wird so ein Nominativ.

    Wie identifiziere ich ihn? Das übergeordnete Prädikat steht im Passiv und »provoziert« im Deutschen einen »dass-Satz«.

                    N   I

Bsp.: »… digna mihi res (esse) … visa est.«

Mögliche Übersetzungsweisen:
Mir schien, dass … Die Sache schien mir … Für mich war … (anscheinend)

Wie beim ACI kann »esse« im Lateinischen fehlen (Ellipse).

Übersetze folgende Übungssätze:
- Non omnes beati sunt, qui beati esse videntur.
- Pauca mihi videntur esse dicenda.
- Idem tu visus es dicere.
- Philosophi quidam dicere existimantur melius quam facere.
- Lusisse putamur.
- Socrates sapiens fuisse traditur.

Aufgaben vor der Übersetzung

A1   Markiere die Eigennamen im Text und recherchiere diese Persönlichkeiten.

A2   Analysiere die Nebensatzeinleitungen und achte besonders auf die Relativpronomen: Kasus, Numerus, Satzgliedfunktion im Nebensatz, Bezugswort.

A3   Benenne alle blau markierten Konstruktionen und gib an, bei welchen es sich um einen NcI handelt. Versuche dann anhand der Wörter, die du dabei schon verstanden hast, zu erschließen, worum es im Text gehen könnte.

Laelius de amicitia (§§ 3–5)

Cicero führt die Dialogpartner sprechend ein, sodass sich der Leser gleichsam sofort in die Gesprächssituation versetzt fühlt.

1   Itaque tum Scaevola,

        boxed[cum] in eam ipsam mentionem incidisset,   **in mentiōnem incidere:** erwähnen

       exposuit nobis sermonem Laeli de amicitia habitum

       ab illo secum

5   et cum altero genero, C. Fannio Marci filio,

       paucis diebus post mortem Africani.   **paucīs diēbus post** = post paucōs diēs;
       disputātiō, disputātiōnis, f: Unter-

       Eius disputationis sententias memoriae mandavi,   redung; **memōriae mandāre:** im Ge-
dächtnis behalten; **arbitrātus,** -ūs, m:
Abschätzung

        boxed[quas] hoc libro exposui arbitratu meo;   **expōnere,** expōnō, exposuī, expositum:
darlegen; **interpōnere,** interpōnō,

       quasi enim ipsos induxi loquentes,   interposuī, interpositum: dazwischen-
setzen; **praesentibus:** *substantiviert*

10   boxed[ne] ›inquam‹ et ›inquit‹ saepius interponeretur,

        atque boxed[ut] tamquam a praesentibus coram haberi

      sermo videretur.

        boxed[Cum] enim saepe mecum ageres,   **agere cum** *aliquō:* mit *jem.* umgehen

        boxed[ut] de amicitia scriberem aliquid,   **dīgnus** + *Ablativ: (einer Sache)* würdig

15   digna mihi res **cum** omnium cognitione **tum** nostra   **cōgnitiō,** cōgnitiōnis, f: Bekanntschaft;

       familiaritate visa est. Itaque feci non invitus,   **familiāritās,** familiāritātis, f: Vertraut-
heit

        boxed[ut] prodessem multis rogatu tuo.   **multīs:** *ergänze: Menschen;*
rogātus, -ūs, m: Bitte

       Sed **ut** in Catone Maiore,   **in Catone Maiore:** *ergänze: in meiner
Schrift*

        boxed[qui] est scriptus ad te de senectute,   **senectūs,** senectūtis, f: das Alter

20   Catonem induxi senem disputantem,   **senem disputantem:** *ergänze: als;*
disputāre, disputō, disputāvī,

        boxed[quia] nulla videbatur aptior persona,   disputātum: disputieren, erörtern ;
aptus, a, um: geeignet;

         boxed[quae] de illa aetate loqueretur, boxed[quam] eius,   **loqueretur:** *hier: mit konsekutivem
Nebensinn*

         boxed[qui] et diutissime senex fuisset

           et in ipsa senectute praeter ceteros floruisset,   **flōrēre,** flōreō, flōruī, -: blühen

25 sic, boxed[cum] accepissemus a patribus

maxime memorabilem C. Laeli et P. Scipionis familiaritatem fuisse,

idonea mihi Laeli persona visa est,

   quae de amicitia ea ipsa dissereret,

30   quae disputata ab eo meminisset Scaevola.

Genus autem hoc sermonum positum in hominum veterum auctoritate,

et eorum inlustrium, plus nescio quo pacto videtur habere gravitatis;

35   itaque ipse mea legens sic afficior interdum ut

Catonem, non me loqui

existimem.

Sed ut tum ad senem senex de senectute,

sic hoc libro ad amicum amicissimus scripsi de

40   amicitia.

Tum est Cato locutus,

   quo erat nemo fere senior temporibus illis, nemo

prudentior;

nunc Laelius et sapiens (sic enim est habitus)

45   et amicitiae gloria excellens de amicitia loquetur.

Tu velim a me animum parumper avertas, Laelium loqui ipsum putes.

C. Fannius et Q. Mucius ad socerum veniunt post

mortem Africani;

50   ab his sermo oritur, respondet Laelius,

   cuius tota disputatio est de amicitia,

   quam legens te ipse cognosces.

memorābilis, memorābile: denkwürdig

disserere, disserō, disseruī, dissertum: sich auslassen, sprechen

ponere: *hier:* stützen

inlūstris, inlūstre: bedeutend; **nesciō quō pactō:** irgendwie **gravitās,** gravitātis, f: Gewicht, Bedeutung

quō: *übersetze das Rel.pron. hier mit* im Vergleich zu dem **prūdēns,** prūdentis: erfahren

habēre, habeō, habuī, habitum *(hier Passiv):* für etwas gelten **excellēns,** excellentis: sich auszeichnend

parumper: in kurzer Zeit

socer, socerī, m: Schwiegervater

A1 Erkläre, weshalb Ciceros Wahl als Dialogpartner auf C. Laelius fiel (Z. 16, ab »Itaque«).

A2 Lies dir das Eingangszitat zum »exemplum« genau durch. Erkläre dann, inwiefern im lat. Text darauf Bezug genommen wird. Belege mit lateinischen Zitaten aus dem Text.

A3 Vergleiche Bild 2 mit den Textzeilen 34–35. Wie könnte ein Bildnis aussehen, das sich auf die *amicitiae gloria* (Z. 45) bezieht?

A4 Erarbeitet in Gruppen jeweils ein Standbild, indem ihr die im Text erwähnten Personen darstellt und zueinander positioniert. Fertigt eine Fotografie von eurem Standbild an.

Bild 2: Cato Maior (Patrizio Torlonia)

II Trau, schau, wem!

»Everyone wants to ride with you in the limo, but what you want is someone who will take the bus with you when the limo breaks down.«

Oprah Winfrey

Der Konjunktiv

Präsens		Imperfekt	Perfekt	PlusquamPf.
a-Konj.	– e	Inf. + Pers. End.	Perf.Stamm + erim	Inf. Perf. + Pers. End.
e-Konj.	– a	*laudare* – m	+ eris	*laudavisse* – m
3. Konj.	– a		etc.	
esse	sim	s. o.	s. o.	s. o.
	sis			
	etc.			

Aufgaben vor der Übersetzung

A1 Kleine Aufwärmübung – aus Indikativ mach Konjunktiv!

existimant

anteponunt

invenis

sunt

A2 Markiere alle Konjunktivformen im Text und gib jeweils an, um welchen Konjunktiv es sich handelt.

Laelius de amicitia (§§ 63–64)

Bei der Auswahl der Freunde ist es schwierig, diejenigen zu finden, die deine Nähe um deiner selbst willen suchen.

1 Est igitur prudentis sustinere $\boxed{\text{ut}}$ cursum,	**sustinēre**, sustineō, sustinuī, – *(hier)*: halten
sic impetum benevolentiae,	**impetus**, -ūs, m: Neigung; **benevolentia**, benevolentiae, f: Wohlwollen
quo utamur quasi equis temptatis,	**quō … sīc**: wie … so
sic amicitia ex aliqua parte periclitatis moribus	**ex aliquā parte**: einerseits; **perīclitārī**, perīclitor, perīclitātus sum: probieren, versuchen
5 amicorum.	
Quidam saepe in parva pecunia perspiciuntur,	**pecūnia**: *ergänze: Summe*
$\boxed{\text{quam}}$ sint leves,	
quidam autem,	
$\boxed{\text{quos}}$ parva movere non potuit,	
10 cognoscuntur in magna.	
$\boxed{\text{Sin vero}}$ erunt aliqui reperti,	
$\boxed{\text{qui}}$ pecuniam praeferre amicitiae sordidum	**sordidus**, a, um: verächtlich
existiment,	
ubi eos inveniemus,	
15 $\boxed{\text{qui}}$ honores, magistratus, imperia,	
potestates, opes amicitiae non anteponant,	**antepōnere**, antepōnō, anteposuī, antepositum: vorziehen
$\boxed{\text{ut}}$,	
$\boxed{\text{cum}}$ ex altera parte proposita haec sint,	**ex alterā parte**: andererseits
ex altera ius amicitiae, non multo illa malint?	
20 Imbecilla enim est natura ad contemnendam	**imbēcillus**, a, um: schwach; **ad contemnendam potentiam**: *übersetze mit Substantivierung des Verbs*
potentiam;	
$\boxed{\text{quam}}$ etiamsi neglecta amicitia consecuti sint,	
<u>obscuratum iri</u> arbitrantur,	**obscūrātum īrī**: *Inf. Fut. Pass. von* obscūrāre
$\boxed{\text{quia}}$ non sine magna causa sit neglecta amicitia.	

25 Itaque verae amicitiae difficillime reperiuntur in iis,

> qui in honoribus reque publica versantur;

ubi enim istum invenias,

> qui honorem amici anteponat suo?

Quid?

30 Haec ut omittam,

> quam graves,

> quam difficiles plerisque videntur calamitatum

societates!

> Ad quas non est facile inventu,

35 qui descendant.

Quamquam Ennius recte:

Amicus certus in re incerta cernitur,

tamen haec duo levitatis et infirmitatis plerosque

convincunt,

40 aut si in bonis rebus contemnunt

> aut in malis deserunt.

> Qui igitur utraque in re

> gravem, constantem, stabilem

> se in amicitia praestiterit,

45 hunc ex maxime raro genere hominum iudicare

debemus et paene divino

in honōribus rēque pūblicā versārī:
politisch tätig sein

inventū: (Supinum II): zu + *Infinitiv*

levitās, levitātis, f: Wankelmut;
īnfirmitās, īnfirmitātis, f: Unzu-
verlässigkeit; **convincere**, convincō,
convīcī, convictum: überführen
(+ Akk./+ Gen. = jemanden einer
Sache überführen).

sē praestāre, praestō, praestitī,
praestitum: sich beweisen

A1 Erkläre, was Oprah Winfrey mit dem am Anfang des Kapitels genannten Zitat meint, und beschreibe, was einen guten Freund ausmacht.

A2 In Kap. I ist von der *familiaritas* des Laelius und des Scipio die Rede (Z. 27).

Erarbeite mit Hilfe eines Wörterbuchs ein lateinisches Wortfeld zum Thema Freundschaft.

Im eben gelesenen Text hingegen scheint *amicitia* das vorherrschende Prinzip zu sein. Versuche den Unterschied zu erklären, indem du verschiedene Aspekte der *familiaritas* und der *amicitia* herausarbeitest.

A3 Ordne in Z. 18/19 den Demonstrativpronomen *haec* und *illa* jeweils die lateinischen Begriffe zu, welche darauf bezogen sind.

A4 Erstellt in Partnerarbeit eine Liste mit Merkmalen, die einen guten Freund ausmachen, und diskutiert, woran man erkennen könnte, dass jemand es nicht gut mit einem meint.

A5 Recherchiere den Hintergrund zum Bild und gib an, welche Personen zu sehen sind und um welche Situation es sich handelt:

a) Vergleiche das Bild mit der Aussage in Z. 25–26.

b) Diskutiert, ob es wahre »Politikerfreundschaften« geben kann, indem ihr aktuelle Beispiele miteinbezieht.

Bild 3: Ministère de l'Europe et des Affaires Étrangères

III Wozu Freundschaft?

»*Sapiens secum contentus est.*« – Lucius Annaeus Seneca

---

nd-Konstruktionen

In der lateinischen Sprache können Verben wie im Deutschen nominalisiert und wie ein Nomen dekliniert werden.

Bsp. laudare – lauda|nd|i, lauda|nd|um, lauda|nd|o.

Wir unterscheiden zwischen dem Gerundium (I), dem attributiven Gerundivum (II) und dem prädikativen Gerundivum (III).
Beim Gerundium handelt es sich um ein Verbalsubstantiv.
Beim Gerundivum handelt es sich um ein Verbaladjektiv.
Das Gerundivum steht folglich in KNG-Kongruenz zu einem Bezugswort.
Bei der Übersetzung werden I und II gleich behandelt (es kommt auf den Kasus an):

Gen.	**(um) zu + Infinitiv**
Akk. + ad	**(um) zu + Infinitiv**
Abl.	**durch, indem**
Abl. + in	**bei, während**
Abl. + de	**über**

III ist speziell: Die nd-Form steht in der Regel mit einer Form von *esse*. ›*esse*‹ wird in dieser Verbindung mit ›*müssen*‹ übersetzt. Wer etwas muss oder nicht darf, steht im Lateinischen im *dativus auctoris*. Fehlt dieser, wird im Deutschen das unpersönliche man zum Subjekt.

Aufgaben vor der Übersetzung

A1 Schreibe alle im Text vorkommenden nd-Konstruktionen heraus und gib an, um welche es sich jeweils handelt (I, II oder III, siehe Kasten).

A2 Wende nun die verschiedenen Übersetzungsschemata (siehe Kasten!) auf die nd-Konstruktionen an; überprüfe dabei immer sorgfältig, in welchem Kasus diese stehen und ob *esse* oder ein *dativus auctoris* dabeistehen oder nicht.

A3 Erschließe anhand von Schlüsselwörtern, die du beim Lesen verstanden hast, den groben Inhalt des Textes.

Laelius de amicitia (§§ 45–48)

Sinn und Zweck der Freundschaft – oder: Was manch ein Grieche meint:

1 … partim fugiendas esse nimias amicitias,	**partim:** teils; **fugiendās esse** etc.: *ergänze zu den Infinitiven im Text jeweils »putat« oder »dicit«*
ne necesse sit unum sollicitum esse pro pluribus;	
satis superque esse sibi suarum cuique rerum,	**satis superque:** mehr als zu viel
alienis nimis implicari molestum esse;	**implicāre,** implicō, implicuī, implicitum: verwickeln
5 commodissimum esse	
quam laxissimas habenas habere amicitiae,	**laxus,** a, um: locker; **habēna,** ae f: Zügel
quas vel adducas, cum velis,	**addūcere,** addūcō, addūxī, adductum: spannen
vel remittas;	**remittere,** remittō, remīsī, remissum: lockerlassen
caput enim esse ad beate vivendum securitatem,	**caput,** capitis, n: Hauptsache
10 qua frui non possit animus,	
si tamquam parturiat unus pro pluribus.	**parturīre,** parturiō, parturīvī, -: gebären
Alios autem dicere aiunt	
multo etiam inhumanius	
(quem locum breviter paulo ante perstrinxi)	**ante** = anteā; **locus,** -ī, m *(hier):* Gedanke; **perstringere,** perstringo, perstrinxī, perstrictum: berühren; **praesidium,** -ī, n: Hilfe; **adiūmentum,** -ī, n: Unterstützung
15 praesidii adiumentique causa,	
non benevolentiae neque caritatis,	
amicitias esse expetendas;	**expetere,** expetō, expetīvī, expetītum: erstreben

itaque,

> > ut quisque minimum firmitatis haberet

20 minimumque virium,

> ita amicitias appetere maxime;

> ex eo fieri,

> > ut mulierculae magis amicitiarum praesidia

quaerant

25 > quam viri

> > et inopes quam opulenti

> > et calamitosi quam ii, qui putentur beati.

O praeclaram sapientiam!

Solem enim e mundo tollere videntur,

30 > qui amicitiam e vita tollunt,

> > qua nihil a dis immortalibus melius habemus,

> > nihil iucundius.

Quae est enim ista securitas?

Specie quidem blanda sed reapse multis locis

35 repudianda.

> (…) Quam ob rem si cadit in sapientem animi dolor,

> > qui profecto cadit,

> > nisi ex eius animo exstirpatam humanitatem

arbitramur,

40 quae causa est cur amicitiam funditus tollamus e vita,

ne aliquas propter eam suscipiamus molestias?

Glossen (rechte Spalte):

appetere, appetō, appetīvī/appetii, appetītum: verlangen nach

muliercula, mulierculae, f: Weibsbild

inops, inopis: arm

calamitōsus, a, um: unglücklich

quā: *übersetze* im Vergleich zu der wir …

speciē: dem Anschein nach; **reāpse:** rē ipsā; **repudiāre,** repudiō, repudiāvī, repudiātum: verschmähen (nd-Konstruktion: *-wert*)

exstirpāre, exstirpō, exstirpāvī, exstirpātum: (mit der Wurzel) herausreißen (ergänze *esse*)

funditus: ganz und gar

molestia, molestiae, f: Verdruss

A1 In Kapitel II, Z. 20 heißt es:

»Imbecilla enim est natura ad contemnendam potentiam«.

Zitiere in Kapitel 3 die Textstellen, die diesen Gedanken aufgreifen.

A2 Cicero gilt als Eklektiker. Recherchiere diesen Begriff und erkläre mit eigenen Worten, was er bedeutet. Gib dann an, inwiefern du dies im eben gelesenen Text wiederfinden kannst. Belege mit lateinischen Zitaten aus dem Text.

A3 Ordne Cicero eine philosophische Tendenz zu, indem du die Einleitung dieser Textausgabe und den untenstehenden Text mit einbeziehst.

A4 Nimm Stellung zu den Aussagen in Z. 3–11: Begründe, warum du dieser Einstellung zur Freundschaft folgen oder nicht folgen würdest. Zeige Vor- und Nachteile dieser Haltung auf.

A5 Erstellt in Gruppenarbeit eine Tabelle mit möglichen Gründen dafür, eine Freundschaft einzugehen, indem ihr auch den Abschnitt Z. 12–27 mit einbeziet. Findet Beispiele (z. B. aus Film und Fernsehen), wo Freundschaften aus diesen Gründen eingegangen wurden, und diskutiert mögliche Konsequenzen dieser Arten von Freundschaft.

Stoa und Epikureismus – viele Unterschiede, aber auch Gemeinsames

Die von Zenon um 300 v. Chr. gegründete Philosophenschule der Stoa lehrt, dass die Natur eine Einheit (Monismus) und ein beseeltes Wesen ist. Zu dieser Einheit gehört auch der Logos, die »Weltvernunft«. Diese wird als feuriger Lufthauch *(pneuma)* gedacht, der alles und jeden durchdringt und verbindet, sodass die Welt ein beseeltes Ganzes ist.

Der Epikureismus – zeitgleich entstanden – beruht dagegen auf den mechanischen Vorstellungen Demokrits, wonach alles Werden und Vergehen als Trennung und Verbindung von Atomen im leeren Raum zu verstehen ist.

Die jeweils unterschiedlichen Naturlehren der beiden Schulen ziehen jeweils unterschiedliche ethische Ansätze nach sich: Nach stoischer Lehre bilden Seele, Leib und Geist ein Ganzes – ebenso die Gesellschaft der Menschen.

Der Weise lebt daher *im Einklang mit der Natur;* er schaltet idealerweise seine Affekte aus und ist frei von Leidenschaften *(stoisch),* da Lust, Begierde und Furcht der Vernunft nicht entsprechen und die Seele krank machen. Mittels seiner *Vernunft* gestaltet der Weise das gesellschaftliche Leben mit.

Bei Epikur klingt das anders: Das Ziel des Menschen ist die Lust *(Hedoné);* allerdings wird die Lust anders aufgefasst, als man es den Hedonisten meist unterstellt: Sie ist die Abwesenheit von Schmerz. Die *Eudaimonie* – das höchste Glück, welches auch die Stoiker zu erreichen suchen – wird durch eine vollkommene innere Ruhe erreicht. Der Epikureer bändigt ebenso seine Leidenschaften, weil diese seine Ungestörtheit aufwühlen, und meidet das Übermaß, um Probleme der Seele oder des Leibes nicht aufkommen zu lassen. In der Folge zieht sich der Weise aus der Gesellschaft zurück und meidet das öffentliche Engagement.

IV Was macht Freundschaft aus?

»Idem velle idem nolle ea est vera amicitia.« – C. Sallustius Crispus

---

Die Partizipialkonstruktionen

(Ermöglichen die Angabe näherer Umstände in knapper Form)

Der Ablativus absolutus

Nähere Umstände: *temporal, kausal, modal, konditional, konzessiv*

Beispiele:
* Caesar oppidum paucis defendentibus expugnare non potuit.
* Caesar victo Pompeio Aegyptum adiit.
* Milites expositis naves remittebantur.
* Galli locis superioribus occupatis itinere exercitum prohibere conantur.

Diese Partizipialkonstruktion kannst du im Deutschen mit einem Adverbialsatz wiedergeben, dessen Subjunktion den näheren Umstand verdeutlicht:

nachdem, während, als, weil, dadurch dass, wenn, obwohl.

Du kannst aber aus dem Ablativus absolutus auch einen beigeordneten Satz bilden (meist ein Hauptsatz) und den Rahmensatz mit einem Adverb anschließen, das den näheren Umstand verdeutlicht:

und danach, und währenddessen, und deshalb, und dadurch, und trotzdem

Eine Besonderheit stellt der **nominale Ablativus absolutus** dar. Bei diesem steht statt des Partizips ein Prädikatsnomen (Substantiv oder Adjektiv):

Beispiele (Es lohnt sich, diese wenigen Beispiele einfach auswendig zu lernen!):
* Tarquinio rege   – unter der Regierung des Tarquinius
* Pompeio consule   – als Pompeius Konsul war/unter dem Konsulat des P.
* Hannibale auctore – auf Hannibals Veranlassung
* matre ignara   – ohne Wissen der Mutter
* Caesare vivo   – zu Cäsars Lebzeiten
* te invito   – gegen deinen Willen

Aufgaben vor der Übersetzung

A1 Weise den vier Beispielsätzen oben im Kasten jeweils einen näheren Umstand zu.

A2 Übersetze jeden Beispielsatz je mit einem Adverbialsatz und einer Beiordnung.

A3 Markiere im folgenden Text alle Abl. abs. und gib jeweils das Zeitverhältnis an.

Laelius de amicitia (§§ 18–20)

Tugend als Voraussetzung für Freundschaft – oder: Freunde kann man sich aussuchen, Familie nicht.

1	Sed hoc primum sentio,	
	nisi in bonis amicitiam esse non posse;	**bonīs:** *ergänze* Menschen
	neque id ad vivum reseco,	**ad vīvum:** ganz tief; **resecāre,** reseco, resecuī/resecāvī, resectum: abschneiden; **subtīlis,** subtile: fein
	ut illi, qui haec subtilius disserunt,	
5	fortasse vere, sed ad communem utilitatem parum;	
	negant enim	
	quemquam esse virum bonum	
	nisi sapientem.	
	Sit ita sane;	
10	sed eam sapientiam interpretantur,	
	quam adhuc mortalis nemo est consecutus,	**mortālis nēmo:** *übersetze: nemo mortalis;* **ea:** *ergänze: Dinge*
	nos autem ea,	
	quae sunt in usu vitaque communi,	**ūsus,** -ūs, m *(hier):* Praxis
	non ea,	
15	quae finguntur aut optantur,	
	spectare debemus. (…)	
	Agamus igitur pingui, ut aiunt, Minerva.	**pingui … Minerva:** mit schlichtem Verstand (Redewendung)
	Qui ita se gerunt, ita vivunt,	**sē gerere:** sich verhalten
	ut eorum probetur fides, integritas, aequitas,	
20	liberalitas,	
	nec sit in eis ulla cupiditas, libido, audacia,	
	sintque magna constantia, (…)	
	hos viros bonos,	**hōs … putēmus:** *übersetze* hōs virōs bonōs … apellandōs (esse) putēmus; **habērī:** *(hier)* gelten
	ut habiti sunt,	
25	sic etiam appellandos putemus,	
	quia sequantur,	
	quantum homines possunt,	**quantum:** soweit
	naturam optimam bene vivendi ducem.	
	Sic enim mihi perspicere videor	**perspicere,** perspiciō, perspēxī, perspectum: deutlich sehen
30	ita natos esse nos,	
	ut inter omnes esset societas quaedam,	
	maior autem,	
	ut quisque proxime accederet.	**accēdere,** accēdō, accessī, accessum: herantreten

Itaque cives potiores quam peregrini,

35 propinqui quam alieni;

cum his enim amicitiam natura ipsa peperit;

sed ea non satis habet firmitatis.

Namque hoc praestat amicitia propinquitati,

quod ex propinquitate

40 benevolentia tolli potest,

ex amicitia non potest;

sublata enim benevolentia

amicitiae nomen tollitur,

propinquitatis manet.

45 Quanta autem vis amicitiae sit,

ex hoc intellegi maxime potest,

quod ex infinita societate generis humani,

quam conciliavit ipsa natura,

ita contracta res est et adducta in angustum,

50 ut omnis caritas aut inter duos

aut inter paucos iungeretur.

Est enim amicitia nihil aliud nisi

omnium divinarum humanarumque rerum

cum benevolentia et caritate consensio;

55 qua quidem haud scio an excepta sapientia

nihil melius homini sit a dis immortalibus datum.

Divitias alii praeponunt,

bonam alii valetudinem,

alii potentiam, alii honores,

60 multi etiam voluptates.

Beluarum hoc quidem extremum,

illa autem superiora caduca et incerta,

posita non tam in consiliis nostris

quam in fortunae temeritate.

65 Qui autem in virtute summum bonum ponunt,

praeclare illi quidem,

sed haec ipsa virtus amicitiam et gignit et continet

nec sine virtute amicitia esse ullo pacto potest.

potiorēs: ergänze *sunt*; **peregrīnus,** -ī, m: Ausländer

hoc: darin; in Bezug auf dies; **propinquitās,** propinquitātis, f: Nähe, Verwandtschaft

conciliāre, conciliō, conciliāvī, conciliātum: verbinden; **contrahere:** (*hier*) verengen

cōnsēnsiō, cōnsēnsiōnis, f: Übereinstimmung (Augustinus!); **exceptus,** a, um: ausgenommen; **quā … nihil melius:** als diese … nichts Besseres

bēlua, -ae, f: Rindvieh

cadūcus, a, um: vergänglich

temeritās, temeritātis, f: Planlosigkeit

ūllō pactō: auf irgendeine Art

A1 a) Fertige ein Schaubild an, mit dem das im Text entworfene Konzept der Freundschaft
       verdeutlicht wird (verwende hierzu Schlüsselbegriffe aus dem Text).

    b) Vergleiche dieses Konzept mit dem Eingangszitat des Sallust.

A2 Entwirf ein eigenes Konzept der Freundschaft. Trage dabei ein, was dir besonders wichtig
    in einer Freundschaft ist. Diskutiere auch mit deinem Sitznachbarn darüber und vergleicht
    eure Ergebnisse.

A3 Auch in diesem Text klingen die Lehren antiker Philosophen an. Zeige dies anhand von
    Textbelegen und erläutere die jeweiligen Lehren nochmals kurz.

A4 Zeige am lateinischen Text, wo der Gedanke des deutschen Einleitungssatzes vorkommt.

A5 Vergleiche Ciceros Ausführungen im obigen Text mit dem untenstehenden Artikel über
    Freundschaft. Benenne Gemeinsamkeiten und Unterschiede.

Zusatztext: Nele Langosch, in: Psychologie Heute, 2018

Eine repräsentative Umfrage des Marktforschungsinstituts Splendid Research unter mehr
als 1000 Deutschen im Januar 2017 ergab: Im Schnitt betrachten wir tatsächlich nur drei
Menschen als unsere wahren Freunde. Der britische Psychologe Robin Dunbar meint sogar,
zu mehr als fünf engen Freundschaften sei unser Gehirn gar nicht fähig. In den 1990er Jahren
verglich er die Größe des Neocortex von Säugetieren sowie jenen von Menschen mit der
Größe ihrer jeweiligen sozialen Gruppe. Aus seinen Berechnungen schloss er: Unsere kog-
nitive Kapazität reicht nur für ein soziales Netzwerk von rund 150 Menschen aus – Freunde,
Familie und Bekannte. – Nun lernt jeder Mensch im Laufe seines Lebens weit mehr als
150 Menschen kennen. Unsere Kontakte unterliegen entsprechend einem mehr oder minder
steten Wandel. Grundsätzlich schrumpft unser Freundeskreis über die Zeit. Kindern fällt
es meist nicht schwer, freundschaftliche Kontakte zu knüpfen, sei es in der Schule oder in
der Nachbarschaft. Und auch im Jugendalter haben wir in der Regel einen großen Kreis
an Vertrauten, dann auch durch ein gemeinsames Hobby oder die Ausbildung. Freunde
erfüllen in dieser Zeit eine wichtige Funktion, sagt Cornelia Wrzus: »In der Adoleszenz
helfen sie uns dabei, uns vom Elternhaus zu lösen und die eigene Identität zu finden.« Bis
zum Alter von Mitte 20 bauen wir uns dann ein immer umfangreicheres Netzwerk auf. Im
jungen Erwachsenenalter können Freundschaften als Vorbild für spätere Paarbeziehungen
dienen. Durch sie lernen wir, Vertrauen aufzubauen und Konflikte zu lösen. Ab Anfang 30
wird unser Freundeskreis dann stetig kleiner (…). Die Zu- und Abnahme unseres sozialen
Netzwerks verläuft demnach parallel zu besonderen Lebensereignissen in bestimmten
Altersphasen. So führen Schulbeginn, Pubertät oder der Eintritt ins Berufsleben eher
zu einer Erweiterung des Freundeskreises. Elternschaft, Berentung oder Krankheit ver-
kleinern das Netzwerk dagegen. Obwohl uns im höheren Alter nur noch wenige Freunde
bleiben, fühlen wir uns diesen jedoch häufig besonders stark verbunden. Ein Grund dafür
könnten die vielen gemeinsamen Erfahrungen über die Lebensspanne sein: Je mehr wir
zusammen erlebt haben, desto besser kennen wir den anderen. So entsteht emotionale
Nähe. (Nele Langosch, in: Psychologie Heute, 2018).

V Erwartungen in der Freundschaft

»Beide schaden sich selbst: der zu viel verspricht und der zu viel erwartet.«

Gotthold Ephraim Lessing

Der Ablativ

steht auf die Fragen

1. woher? wovon? abl. separativus – *Brutus dominatu regio rem publicam liberavit.*
   (Brutus hat den Staat von der Königsherrschaft befreit.)
2. womit? wodurch abl. instrumenti – *muneribus placare*
   (durch Geschenke beschwichtigen)
3. wo? wann? abl. loci und temporis – *Carthagine / prima pueritia*
   (in Karthago / in frühester Kindheit)

Darüber hinaus gibt es folgende Untergruppen:

* Ablativus originis – *nobili genere natus (aus vornehmer Familie)*
* Ablativus comparationis – *Alius alio magis erravit. (Einer irrte noch mehr als der andere.)*
* Ablativus comitativus – *Caesar omnibus copiis in Sequanos proficiscitur.*
  (Cäsar bricht mit allen Truppen ins Gebiet der Sequaner auf.)
* Ablativus modi – *aequo animo (gleichmütig)*
* Ablativus causae – *Domitius naufragio periit. (Domitius kam durch einen Schiffbruch um.)*
* Ablativus limitationis – *Multi naturis differunt, voluntate autem similes sunt.*
  (Viele unterscheiden sich nur hinsichtlich ihres Wesens, nicht des Wollens.)

Der Ablativ steht ferner in Verbindung mit diesen Präpositionen:
a und *ab / e, ex* und *de / cum* und *sine / pro* und *prae*
Er kann ebenso stehen mit *in.*

Bei folgenden Deponentien steht das »Objekt« im Ablativ – streng genommen handelt es sich um einen Instrumentalis:
uti, frui, fungi und potiri
occasione uti – *die Gelegenheit nutzen*
libertate frui – *die Freiheit genießen*
munere fungi – *ein Amt verwalten*
oppido potiri – *sich einer Stadt bemächtigen*

Aufgaben vor der Übersetzung

A1 Markiere im Text die oben genannten Präpositionen und das dazugehörige Nomen im Ablativ.

A2 Zeige im Text einen Abl. causae und einen Abl. instrumenti.

A3 Notiere aus dem Text wichtige Schlüsselbegriffe, die du bereits verstanden hast.

Laelius de amicitia (§§ 33–36)

Grenzen der Freundschaft – die Rolle der Moral

1 Laelius: Audite vero, optimi viri, ea,

    quae saepissime inter me et Scipionem

    de amicitia disserebantur.

    Quamquam ille quidem

5   nihil difficilius esse dicebat,

    quam amicitiam

    usque ad extremum vitae diem permanere.

Nam vel ut non idem expediret, incidere saepe,

vel ut de re publica non idem sentiretur;

10 mutari etiam mores hominum saepe dicebat,

<u>alias</u> adversis rebus,

<u>alias</u> aetate ingravescente.

Atque earum rerum exemplum

ex similitudine capiebat ineuntis aetatis,

15   quod summi puerorum amores

saepe una cum praetexta toga ponerentur.

[34] Sin autem ad adulescentiam perduxissent,

dirimi tamen interdum contentione

vel uxoriae condicionis

20 vel commodi alicuius,

    quod idem adipisci uterque non posset.

Quod si qui longius in amicitia provecti essent,

tamen saepe labefactari,

    si in honoris contentionem incidissent;

25 pestem enim nullam maiorem esse

amicitiis quam in plerisque pecuniae cupiditatem,

---

incidere: *abhängig von* dicebat *in Z. 5;*
expedīre, expediō, expedīvī,
expedītum *(hier):* zuträglich sein

aliās … aliās: das eine Mal … das
andere Mal; **ingravēscere,** ingravēscō,
-, -: beschwerlich werden

similitūdō, similitūdinis, f *(hier):*
ähnlicher Fall; Analogie; **ineuntis:** von
inīre: *(hier)* beginnen

praetexta toga: *die Toga, mit welcher
Jünglinge bekleidet waren;* **perdūcere,**
perdūcō, perdūxī, perductum *(hier):*
fortsetzen; **dirimere,** dirimō, dirēmī,
dirēmptum: auseinanderbringen;
contentiō, contentiōnis, f: Wettstreit;
condiciō uxōria, condiciōnis uxōriae
f: Heiratspartie

adipiscī, adipiscor, adeptus sum: erreichen, erringen; **prōvehī,** prōvehor,
prōvectus sum: fortschreiten

labefactāre, labefactō, labefactāvī,
labefactātum: erschüttern; **labefactārī,
esse, exstitisse:** *Teil einer indirekten
Rede – Übersetzung mit Konjunktiv I;*
pestis, pestis, f: Verderben

in optimis quibusque honoris certamen et gloriae;

ex quo inimicitias maximas

saepe inter amicissimos exstitisse.

30   [35] Magna etiam discidia et plerumque iusta nasci,

cum aliquid ab amicis,

quod rectum non esset,

postularetur,

ut aut libidinis ministri

35   aut adiutores essent ad iniuriam;

quod qui recusarent,

quamvis honeste id facerent,

ius tamen amicitiae deserere arguerentur ab iis,

quibus obsequi nollent.

40   Illos autem,

qui quidvis ab amico auderent postulare,

postulatione ipsa profiteri

omnia se amici causa esse facturos.

Eorum querella inveterata

45   non modo familiaritates exstingui solere

sed odia etiam gigni sempiterna.

Haec ita multa quasi fata impendere amicitiis,

ut omnia subterfugere non modo sapientiae

sed etiam felicitatis diceret sibi videri.

---

certāmen, certāminis, n: Wettkampf

exstāre, exstō, exstitī, exstātūrus: sich zeigen

discidium, -ī, n: Zerwürfnis

minister, ministrī, m: Helfershelfer

adiūtor, adiutōris, m: Handlanger

recūsāre, recūsō, recūsāvī, recūsātum: ablehnen

arguere, arguō, arguī, argūtum: bezichtigen

profitērī, profiteor, professus sum: frei bekennen

querella, querellae, f: Klage; **inveterātus,** a, um: gang und gäbe geworden

sempiternus, a, um: immerwährend

subterfugere, subterfugiō, subterfūgī, -: entwischen

A1 Arbeite aus dem lateinischen Text die wichtigsten Begriffe heraus, die etwas Schädliches für Freundschaften bedeuten.

A2 Gliedere den Text und gib den einzelnen Abschnitten Überschriften.

A3 In Z. 9 heißt es: »... *vel ut de re publica non idem sentiretur* ...«. Hast du in deinem Umfeld auch schon erlebt, dass Freundschaften durch aktuelle politische Fragen auf die Probe gestellt wurden? Berichte von einem aktuellen Beispiel.

A4 Gib den in § 35 beschriebenen Konflikt in eigenen Worten wieder. Diskutiert in Gruppen, wie man sich vor solchen Konflikten schützen könnte und wie man am besten mit Personen umgeht, die andere zu ihrem Werkzeug machen wollen.

A5 Diskutiert in diesem Zusammenhang folgendes ironische Zitat Friedrich Schillers:

»Gerne dien ich den Freunden, doch thu ich es leider mit Neigung,
und so wurmt mir oft, dass ich nicht tugendhaft bin.
Da ist kein anderer Rat, du mußt suchen, sie zu verachten,
und mit Abscheu alsdann thun, was die Pflicht dir gebeut.«

(Friedrich Schiller, Xenien. Nationalausg. der Werke, Bd. I, S. 357)

A6 Fertige eine Bildbeschreibung an. Erläutere, wie Picasso in seiner Darstellung den in § 35 dargestellten Konflikt ausschließt.

Bild 4: Freundschaft (1908), Pablo Picasso

VI Dualismus

»Vieles Gewaltige lebt, doch nichts ist gewaltiger als der Mensch!« Sophokles

---

Komparation des (I) Adjektivs und des (II) Adverbs

Wir unterscheiden zwischen 1. Positiv (Grundstufe), 2. Komparativ (Höherstufe),
3. Superlativ/Elativ (Höchststufe).

I. Adjektiv
Komparativ: Wortstock + -ior (m./f.) und -ius (ntr.)
Superlativ/Elativ: Wortstock + -issimus / -limus (facilis; similis; humilis) / -rimus
(pulcher; celer)
(Den Wortstock erhält man, indem man den Genitiv bildet und die Genitivendung streicht.)

Unregelmäßig:

bonus	melior, -ius	optimus, -a, -um
malus	peior, peius	pessimus
magnus	maior, -ius	maximus
parvus	minor, minus	minimus
multum	plus	plurimum
multi	plures	plurimi

II. Adverb
Das Adverb dient zur näheren Bestimmung eines Verbs.
1. Positiv: Wortstock + -e (von Adjektiven der o-/a-Deklination)
                    Wortstock + -iter (von Adjektiven der 3. Deklination)
2. Komparativ: Als Komparativ aller Adverbien dient der Akk. Sg. Neutr. des Komparativs des Adjektivs (-ius).
3. Superlativ: Superlativ des Adjektivs mit der Endung -e   doctus – doctissime

Einige Beispiele für die drei Stufen:

miser	misere	miserius	miserrime
pulcher	pulchre	pulchrius	pulcherrime
fortis	fortiter	fortius	fortissime
aber			
sapiens	sapienter	sapientius	sapientissime

Aufgaben vor der Übersetzung

A1 Notiere Adjektive und Adverbien, welche im Text vorkommen. Versuche anhand dessen bereits erste Schlüsse über den Inhalt des Textes zu ziehen.

A2 Bestimme jeweils Kasus, Numerus, Genus und die Steigerungsstufe der notierten Adjektive und Adverbien.

Laelius de amicitia (§§ 79–82)

Liebe deinen Nächsten wie dich selbst!

1 Digni autem sunt amicitia,

    quibus in ipsis inest causa,

    cur diligantur.

    Rarum genus. Et quidem omnia praeclara rara,

5   nec quicquam difficilius quam reperire,

    quod sit omni ex parte in suo genere perfectum.

    Sed plerique neque in rebus humanis

    quicquam bonum norunt,

      nisi quod fructuosum sit,

10   et amicos tamquam pecudes eos potissimum

    diligunt, ex quibus sperant

      se maximum fructum esse capturos.

    [80] Ita pulcherrima illa et maxime naturali carent

    amicitia per se et propter se expetita

15   nec ipsi sibi exemplo sunt,

      haec vis amicitiae et qualis et quanta sit.

    Ipse enim se quisque diligit,

      non ut aliquam a se ipse

      mercedem exigat caritatis suae,

20   sed quod per se sibi quisque carus est.

      Quod nisi idem in amicitiam transferetur,

    verus amicus numquam reperietur;

    est enim is, qui est tamquam alter idem.

    [81] Quod si hoc apparet in bestiis, volucribus,

25   nantibus, agrestibus, cicuribus, feris,

      primum ut se ipsae diligant

      (id enim pariter cum omni animante nascitur),

      deinde ut requirant atque appetant,

Randglossen:

omnī ex parte: in jeder Beziehung

norunt: *Kurzform von:* nōvisse, -, nōvī, - : wissen, kennen; **frūctuōsus, a, um:** einträglich

pecus, pecudis f: (Nutz-)Tier; **potissimum:** vornehmlich

frūctus, -ūs, m: Gewinn

expetere, expetō, expetivī, expetitum: begehren

et quālis et quanta: *bezogen auf* haec vīs

exigere, exigō, exēgī, exāctum: verlangen

alter īdem: das zweite Selbst

volucris, is f: Vogel

nāntia, ium n: Schwimmtiere; **agrestēs,** agrestium, m: Landtiere; **cicur,** cicuris: zahm; **ferus, -ī,** m: wild, wildes Tier
animāns, animantis, m/f: Wesen, lebendes Geschöpf

	ad quas se applicent	**sē applicāre:** sich anschließen
30	eiusdem generis animantis,	
	idque faciunt cum desiderio et	
	cum quadam similitudine amoris humani,	**similitūdō,** similitūdinis, f: Ähnlichkeit
	quanto id magis in homine fit natura!	
	Qui et se ipse diligit et alterum anquirit,	**anquīrere,** anquīrō, anquīsīvī, anquīsītum + *Akk.*: sich umsehen
35	cuius animum ita cum suo misceat,	nach *jmdm.*; **miscēre,** misceō, miscuī, mixtum: vereinigen
	[ut] efficiat paene unum ex duobus.	
	[82] Sed plerique perverse,	**perversē:** verkehrt
	[ne] dicam impudenter,	**impudenter:** unverschämt
	habere talem amicum volunt,	
40	quales ipsi esse non possunt,	
	quaeque ipsi non tribuunt amicis,	**tribuere,** tribuō, tribuī, tribūtum: erweisen
	haec ab iis desiderant.	
	Par est autem primum ipsum esse virum bonum,	**pār est:** es ist angemessen
	tum alterum similem sui quaerere.	
45	In talibus ea,	
	quam iam dudum tractamus,	**iam dūdum:** schon lange
	stabilitas amicitiae confirmari potest,	
	cum homines benevolentia coniuncti	
	primum cupiditatibus iis,	
50	quibus ceteri serviunt,	
	imperabunt,	
	deinde aequitate iustitiaque gaudebunt,	**aequitās,** aequitātis, f: Gleichmut
	omniaque alter pro altero suscipiet,	
	neque quicquam umquam nisi honestum	
55	et rectum alter ab altero postulabit,	
	neque solum colent inter se ac diligent	
	sed etiam verebuntur.	
	Nam maximum ornamentum amicitiae tollit,	**ornāmentum,** -ī, n: Kostbarkeit
	qui ex ea tollit verecundiam.	**verēcundia,** -ae, f: Achtung

A1 Arbeite aus dem Text die lateinischen Begriffe heraus, die sich auf die Fauna beziehen.

A2 Erkläre den Gegensatz, der in den Zeilen 37–42 angedeutet wird.

A3 a) Zu Beginn des Textabschnitts heißt es »... *et amicos tamquam pecudes eos potissimum diligunt, ex quibus sperant se maximum fructum esse capturos.*« Gib an, in welchem Kapitel dieser Gedanke schon einmal erwähnt wurde und belege mit lateinischen Zitaten.

b) Vergleiche diesen Gedanken ebenso mit A4 aus Kapitel V.

A4 Vergleiche die Freundschaft, die in der nachfolgenden Ballade von Schiller thematisiert wird, mit der jeweiligen Kernaussage der vorangegangenen Kapitel.

Die Bürgschaft

Zu Dionys, dem Tyrannen, schlich
Möros, den Dolch im Gewande;
Ihn schlugen die Häscher in Bande.
»Was wolltest du mit dem Dolche, sprich!«
Entgegnet ihm finster der Wüterich.
»Die Stadt vom Tyrannen befreien!«
»Das sollst du am Kreuze bereuen.«

»Ich bin«, spricht jener, »zu sterben bereit
Und bitte nicht um mein Leben,
Doch willst du Gnade mir geben,
Ich flehe dich um drei Tage Zeit,
Bis ich die Schwester dem Gatten gefreit,
Ich lasse den Freund dir als Bürgen,
Ihn magst du, entrinn ich, erwürgen.«

Da lächelt der König mit arger List
Und spricht nach kurzem Bedenken:
»Drei Tage will ich dir schenken.
Doch wisse! Wenn sie verstrichen, die Frist,
Eh' du zurück mir gegeben bist,
So muss er statt deiner erblassen,
Doch dir ist die Strafe erlassen.«

Und er kommt zum Freunde: »Der König gebeut,
Dass ich am Kreuz mit dem Leben
Bezahle das frevelnde Streben,
Doch will er mir gönnen drei Tage Zeit,
Bis ich die Schwester dem Gatten gefreit,
So bleib du dem König zum Pfande,
Bis ich komme, zu lösen die Bande.«

Möros bricht auf und kümmert sich um die Vermählung seiner Schwester. Eilig macht er sich wieder auf den Weg, um den Freund auszulösen – aber immer wieder wird er durch unverschuldete Ereignisse gehindert: ein Unwetter, das den zu überquerenden Fluss zu einem reißenden Strom anschwellen lässt, eine Räuberbande, die ihm nach dem Leben trachtet; schließlich droht er zu verdursten. Doch es gelingt ihm jeweils die Situation zu überstehen …

Und die Sonne blickt durch der Zweige Grün
Und malt auf den glänzenden Matten
Der Bäume gigantische Schatten;
Und zwei Wanderer sieht er die Straße ziehn,
Will eilenden Laufes vorüberfliehn,
Da hört er die Worte sie sagen:
»Jetzt wird er ans Kreuz geschlagen.«

Und die Angst beflügelt den eilenden Fuß,
Ihn jagen der Sorge Qualen,
Da schimmern in Abendrots Strahlen
Von ferne die Zinnen von Syrakus,
Und entgegen kommt ihm Philostratus,
Des Hauses redlicher Hüter,
Der erkennet entsetzt den Gebieter:

»Zurück! du rettest den Freund nicht mehr,
So rette das eigene Leben!
Den Tod erleidet er eben.
Von Stunde zu Stunde gewartet' er
Mit hoffender Seele der Wiederkehr,
Ihm konnte den mutigen Glauben
Der Hohn des Tyrannen nicht rauben.«

»Und ist es zu spät, und kann ich ihm nicht
Ein Retter willkommen erscheinen,
So soll mich der Tod ihm vereinen.
Des rühme der blutge Tyrann sich nicht,
Dass der Freund dem Freunde gebrochen
die Pflicht,
Er schlachte der Opfer zweie
Und glaube an Liebe und Treue.«

Und die Sonne geht unter, da steht er am Tor
Und sieht das Kreuz schon erhöhet,
Das die Menge gaffend umstehet,

An dem Seile schon zieht man den Freund empor,
Da zertrennt er gewaltig den dichten Chor:
»Mich, Henker«, ruft er, »erwürget!
Da bin ich, für den er gebürget!«

Und Erstaunen ergreifet das Volk umher,
In den Armen liegen sich beide
Und weinen vor Schmerzen und Freude.
Da sieht man kein Auge tränenleer,
Und zum Könige bringt man die Wundermär,
Der fühlt ein menschliches Rühren,
Lässt schnell vor den Thron sie führen.

Und blicket sie lange verwundert an.
Drauf spricht er: »Es ist euch gelungen,
Ihr habt das Herz mir bezwungen,
Und die Treue, sie ist doch kein leerer Wahn,
So nehmet auch mich zum Genossen an
Ich sei, gewährt mir die Bitte,
In eurem Bunde der Dritte.«

A5 Erörtere, inwiefern der in diesem Text dargestellte Gegensatz von Idealismus und Macht auch Freundschaften betrifft.

A6 Schiller und Goethe verband eine legendäre Freundschaft, die mit dem Begriff der *Weimarer Klassik* eng verknüpft ist. Erarbeite zu dieser Freundschaft einen Kurzvortrag. Zeige in diesem Zusammenhang Gedanken zur Freundschaft aus der lateinischen Lektüre.

Verzeichnis der Eigennamen

Africanus (185–129 v. Chr.) – Publius Cornelius **Scipio** Aemilianus Africanus minor Numantinus (der jüngere Scipio) war durch seine Ehe mit Sempronia der Schwager der Gracchen. In die Geschichte ging er als der Zerstörer Karthagos ein (146 v. Chr.).

Marus Porcius **Cato** Censorius, genannt Cato der Ältere, auch Cato der Censor (geb. 234 v. Chr. in Tusculum; gest. 149 v. Chr. in Rom).

Quintus **Ennius** (239–169 v. Chr.) war ein Schriftsteller der römischen Republik und galt als Vater der römischen Dichtung.

C. **Fannius** (geb. ca. 170 v. Chr.; gest. nach 122 v. Chr.) war der Schwiegersohn des Laelius (siehe oben). Im Jahre 140 v. Chr. bekleidete er das Konsulat.

C. **Laelius** (Konsul 140 v. Chr.; gest. 123 v. Chr.) Freund des jüngeren Scipio (siehe unten). Sein Vater war der enge Freund Scipios des Älteren und ein *homo novus*.

Minerva entspricht als römische Göttin des Krieges (Verteidigung) der griechischen Göttin Athene und ist ebenso für die Technik und den Erfindergeist »zuständig«.

Publius Mucius **Scaevola** (180–115 v. Chr.) war ein bedeutender römischer Jurist.

Lernwortschatz

Text 1

gener, generī, m.	Schwager; Schwiegersohn
cōram	vor aller Augen; öffentlich
invītus, a, um (Adj., a/o-Dekl.)	ungern
cum … tum	sowohl … als auch besonders
idōneus, a, um	geeignet
āvertere, āvertō, āvertī, āversum	abwenden; vertreiben
cōgnōscere, cōgnōscō, cōgnōvī, cōgnitum	kennenlernen; erkennen

Text 2

temptāre, temptō, temptāvī, temptātum	prüfen; versuchen
perspicere, perspiciō, perspēxī, perspectum	erkennen; genau betrachten; sehen
reperīre, reperiō, repperī, repertum	(wieder-)finden
opēs, opum, f.	Macht; Reichtum
contemnere, contemnō, contempsī, contemptum	verachten
neglegere, neglegō, neglēxī, neglēctum	nicht beachten; vernachlässigen
cōnsequī, cōnsequor, cōnsecūtus sum	erreichen
omittere, omittō, omīsī, omissum	beiseitelassen; übergehen
calāmitās, calāmitātis, f.	Unglück
cernere, cernō, crēvī, crētum	sehen

Text 3

nimius	übermäßig; zu groß
sollicitāre, sollicitō, sollicitāvī, sollicitātum	aufhetzen; beunruhigen; erregen
fruī, fruor, fruitus sum	genießen; sich erfreuen an *etw.* (m. *Abl.*)
vīrēs, vīrium, f.	Macht; Gewalt
tollere, tollō, sustulī, sublātum	aufheben; beseitigen
cadere, cadō, cecidī, cāsūrus	fallen

Text 4

sānē	allerdings; gewiss
potior	wichtiger
parere, pariō, peperī, partum	erzeugen; hervorbringen
cāritās, cāritātis, f.	Liebe
voluptās, voluptātis, f.	Lust; Vergnügen

Text 5

ea, quae	das, was
incidere, incidō, incidī, incāsūrus	fallen; treffen; hinzukommen
commodum, -ī, n.	Bequemlichkeit
exstāre, exstō, exstitī, exstātūrus	hervorragen; sich zeigen
obsequī, obsequor, obsecūtus sum	gehorchen
exstinguere, exstinguō, exstīnxī, exstīnctum	auslöschen
impendēre, impendeō, –, –	drohen; bevorstehen

Text 6

dīligere, dīligō, dīlēxī, dīlēctum	lieben
carēre, careō, caruī, caritūrus (m. *Abl.*)	*etw.* nicht haben
mercēs, mercēdis, f.	Lohn
appetere, appetō, appetīvī/appetiī, appetītum	erstreben; begehren
suscipere, suscipiō, suscēpī, susceptum	auf sich nehmen; übernehmen
verērī, vereor, veritus sum	fürchten, verehren